목마름

강동주 목사 묵상 시집

목마름 153

2013. 9. 10 초판 1쇄 인쇄
2013. 9. 20 초판 1쇄 발행

지은이 | 강동주
펴낸이 | 이종춘
펴낸곳 | **BM**성안당

주소 | 121-838 서울시 마포구 양화로 127 첨단빌딩 5층(출판기획 R&D 센터)
      413-120 경기도 파주시 문발로 112(제작 및 물류)
전화 | 02)3142-0036
      031)955-0511
팩스 | 031)955-0510
등록 | 1973.2.1 제13-12호
출판사 홈페이지 | www.cyber.co.kr
ISBN | 978-89-315-7701-3 (03230)
정가 | 10,000원

이 책을 만든 사람들

기획 | 최옥현
진행 | 이병일
표지디자인 | 박원석
본문디자인 | 김인환
마케팅 | 변재업, 차정욱, 채재석
제작 | 구본철

목마름 153

강동주 목사 묵상 시집

강동주 지음

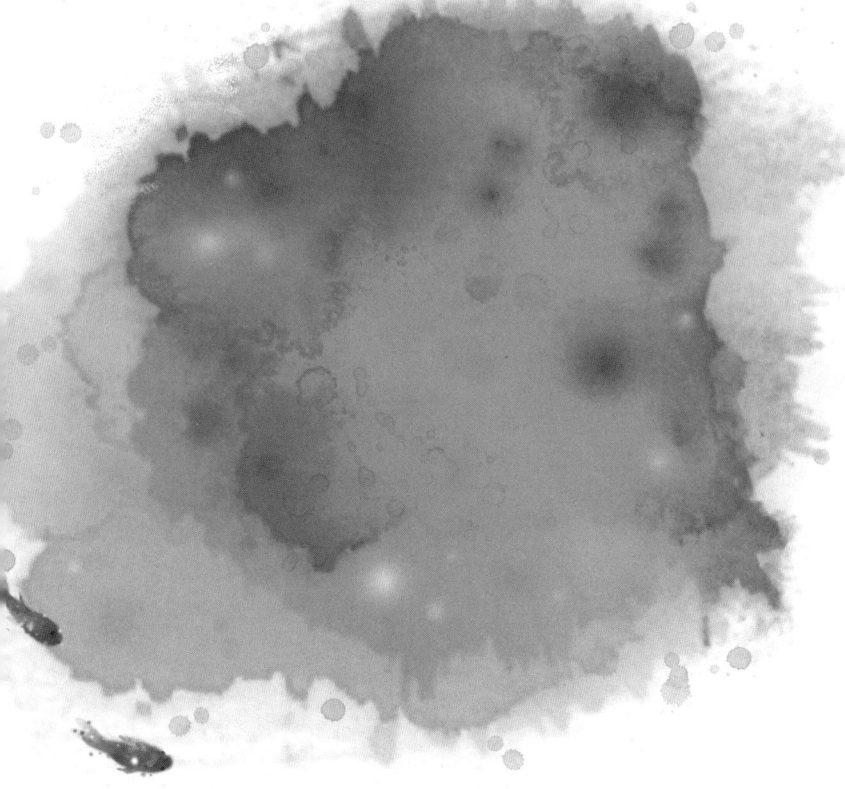

BM 성안당

목마름 153

어느 날…
글을 쓰라 하셨습니다.
주저주저하다가…
주신 마음을 따라 자판을 두드리길 시작했습니다.

샘을 파듯이 썼던 글들도 있었지만
샘이 터진 듯 쓰인 글들이 있었습니다.
나는 순종의 그물을 내릴 뿐
고기를 모으시는 분은 하나님이셨음을 알게 되었습니다.

글을 쓰며 울었고
써진 글에 떨었던
그렇게 내 영혼의 주림과 목마름을 채웠던
153개의 글들이 모아졌습니다.

정리해 보니
'하나님을 향한'
'영혼들을 향한'
'스스로를 향한' 목마름과 깨우침이 담겨 있었습니다.

이 글을 같은 길 가고 싶어 하는
성도들의 영혼의 식탁에 올려놓습니다.
영혼의 주림과 목마름이 채워지는
맛있고 유익한 음식과 음료가 되었으면 좋겠습니다.

살고파 썼던 글들은
살고파 하는 마음의 마중물이 되었으면 좋겠고
울면서 썼던 글들은
울면서 읽히어졌으면 좋겠습니다.

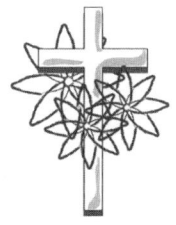

살고파 씁니다

단지
'말하는 것'과
'그것을 사는 것'은 같지 않다는 것을 압니다.

단지
'글을 쓰는 것'과
'쓴 대로 사는 것'도 같지 않습니다.

그래
살기에 쓰는 것이 아닙니다.
살고파 ⋯ 살고파 씁니다.

그렇기에
살라고 쓸 수도 없습니다.
살자고 ⋯ 살자고 씁니다.

내 꼬라지 잊지 않고
이 목마름 잃지 않는다면
언제고 비슷하게는 살리라 소망해 봅니다.

차례

1부 하나님을 우러름

1장 드림

2장 전쟁

11

10장 깨어지기

11장 처하기

1부

—

하나님을 우러름

드　림
전　쟁
누　림
영　원

1장

드 림

나는 이렇게 살고 싶소

나는 '바보'로 살고 싶소.

내게 주는 아픔에 무감각하고
땅의 셈에 무능한
그런 바보로 살고 싶소.

나는 '울보'로 살고 싶소.

영혼들을 향한 연민 때문에
나의 허물 때문에 울어울어 살아가는
그런 울보로 살고 싶소.

나는 '거지'로 살고 싶소.

스스로 은혜 한 잔 준비할 수 없어
그래 쉼 없이 그분의 은혜를 헐떡이며 구걸하는
그런 거지로 살고 싶소.

나는 '광인'으로 살고 싶소.

십자가…
그 사랑의 충격에 미쳐버린
그런 광인으로 살고 싶소.

일생보다 일상을

하나님의 관심은…

우리의
'일생'을 드린다는
고백보다는

매 순간 드려지는
우리의
'일상'입니다.

'거창한 고백'보다
더 귀한 것은

'일상의 순종'입니다.

응답보다 귀한 응답

우리에게는
'기도해서 받은 응답'이 중요하지만

주님에게는
'기도하는 우리 모습'이 중요합니다.

'기도의 응답'보다
귀한 응답은

'기도의 사람'입니다.

하나님의 임재의 상실

하나님의 임재의 상실···

내가 가는 길에
주님이 계시지 않음이 문제가 아니라

주님이 가시는 길에
내가 있지 않음이 문제였습니다.

소유보다 자신을

하나님께서 우리에게
원하시는 것은
'우리의 소유' 이전에
'우리 자신'입니다.

우리가 하나님을 향해
구해야 하는 것도
'하나님께서 주시는 것' 이전에
'하나님 자신'이어야 합니다.

우리가 우리의 소유보다
'우리를' 드리고
우리가 하나님의 소유보다
'하나님을' 구할 때

거기에서
하나님과 우리의
'영적 친교'가 시작됩니다.

힘들게, 기쁘게

언젠가 둘째 딸이 밤 11시쯤
제 방에 눈을 비비며 찾아와
"아빠~ 재워줘" 하며 안겼더랬습니다.

"아빠 힘들게 꼭 그렇게
아빠를 부려먹어야 하겠어" 하는 아빠에게
딸이 한마디 했었지요.

'힘들게' 하지 않고
'기쁘게' 하면 되지

아이를 품에 안고 재우며
그리 하겠다고
주의 일을 그리 하겠다고

고백하고
또 고백했었지요.

바로 믿은 후에는

바로 믿기 전에는
그를 통해 무엇을 얻을 수 있을까만을 생각했습니다.

바로 믿은 후에는
그분을 위해 무엇을 드릴 수 있을까를 생각하게 되었습니다.

나의 필요만을 채워주는 이를 찾고 있나요?
나의 전부를 드릴 수 있는 분을 찾고 있나요?

위해서 죽을 수도 있는 그런 대상을 만난다는 것
어디 보통사람이 누리는 특권입니까?

'아들까지 주셨으면
무엇인들 다 주셔야죠'라고만 하며 살지 않고

'아들까지 주셨는데
무엇인들 못 드릴까요'라고 하며 살고 싶습니다.

미치겠습니다

모든 필리핀 사람들은
호세리잘이라는 독립운동가를
존경하고 칭송하며 기념합니다.

하지만 나라를 위해 삶을 불살랐던
'그의 길'을 가는 사람을 찾기는 쉽지 않습니다.

모든 그리스도인들은
예수님을
찬양하고 감사하며 예배합니다.

하지만 영혼들을 위해 사셨고 또 죽으셨던
'그분의 길'을 가는 사람은 흔치 않습니다.

되레 그런 삶을 살게 될까봐 걱정하고
자녀들이 그런 삶을 살려는 기미만 보이면 미리 교육을 합니다.

믿는 것은 좋지만
미치지는 말라고~

.

.

미치겠습니다.

009
사랑의 두 대상

하나님은
'그럼에도 널 사랑한단다' 하시며
사랑하는 대상이 있고

'그러니 널 사랑할 수밖에' 하시며
사랑하는 대상이 있답니다.

나를 보시며 뭐라 하실까요?

사랑에 미치셨네

피조물은 죄에 미쳤고
창조주는 사랑에 미치셨네.

피조물이 창조주의 얼굴에 침을 뱉었고
피조물이 창조주를 비웃고 조롱했으며
피조물이 창조주의 손과 발에 못을 박았네

죄로 물든 피조물이
죄 없으신 창조주를 '정죄'하여 죽였네.

창조주가 피조물에게 뺨을 맞으셨고
창조주가 피조물의 폭력에 그 몸이 으스러지셨으며
창조주가 피조물의 채찍과 창에 피를 흘리셨네

죄 없으신 창조주가
죄로 물든 피조물의 죄를 '감당'하셨네.

아~
피조물은 그 죄에 미쳤고
창조주는 그 사랑에 미치셨네.

그분께 받은 은혜

언젠가 딸아이가 물었습니다.
"아빠! 내가 착한 일을 하면 내가 사랑스러워?"

바로 대답해 주었습니다.
"아니!"

"아니란다.
아빠는 네가 착한 일을 할 때만
사랑스러운 것이 아니라
나쁜 짓을 해도 너를 사랑한단다."

"하지만 아빠는 네가
착한 사람으로 살아갔으면 좋겠구나!"

내가 그분께 받은 '은혜'를
딸아이에게 알려 주었습니다.

그러니 나 같은 사람도

하나님은
새들이 깃들 만한
큰 나무와 같은 사람도 사랑하시지만
볼품없이 쓰러져 가는
상한 갈대와 같은 사람도 사랑하신답니다.

하나님은
세상을 밝히는 빛과 같이
승리하며 살아가는 사람도 사랑하시지만
자기 몸 하나 제대로 밝히지 못하는
꺼져가는 등불과 같은 사람도 사랑하신답니다.

그러니 나 같은 사람도 사랑하시는 것이지요.

2장

전 쟁

말씀과 나

가짜는
성경이 나의 생각을
지지하고 있는지를 살피고

진짜는
나의 생각이 성경을
지지하고 있는지를 살핍니다.

가짜는
말씀을 통해서도
자기를 드러내야 하고

진짜는
자신을 통해
말씀을 드러내려 합니다.

가짜는
자기를 위해
말씀을 고치고

진짜는
말씀을 통해
자기를 고칩니다.

가장 거대한 영적 전쟁

하나님이
삶의 수단인 사람이 있고,
하나님이
삶의 목적인 사람이 있습니다.

한 사람은
하나님을 이용하고,
한 사람은
하나님이 사용하십니다.

한 사람은
"뭐 그런 것까지 신경 쓰느냐"고 말하지만,
한 사람은
"그것이 가장 거대한 영적전쟁이다"고 말합니다.

특별 계시, 특별한 계시

하나님의 '특별 계시'인 성경을 보지 않으면서
하나님의 '특별한 계시'를 보려 하는 사람들이 있습니다.

성경의 말씀을 읽고 순종을 훈련하지 않으면서
하나님의 음성을 구하는 사람도 더러 있습니다.

따르고 순종할 음성을 원하신다면
먼저는 성경을 묵상하셔야 하고

혹 하나님 음성 듣는 영적 스펙만을 원하신다면
아서십시오. 그러다가 큰일납니다.

성경을 믿는다면서 기적을 믿지 않는 '성경적 이신론'도
기적은 믿으면서 성경은 가벼이 여기는 '비성경적 은사주의'도

마음 아프시기는 매한가지일 것 같습니다.

좌로나 우로나 치우치지 않는 균형 잡힌 분들을 보면
그리 행복할 수가 없습니다.

좌우로도 상하로도

성도는…
좌우로 치우치지 않아야 할 뿐 아니라
상하로 요동하지 않아야 합니다.

자리 좀 올랐다고 우쭐해지고
자리 좀 잃었다고 우울해지고

인정 좀 받았다고 어깨가 으쓱 올라가고
인정 좀 잃었다고 어깨가 축 처지고

좀 더 가졌다고 그 마음 위로 치솟고
뭘 좀 잃었다고 그 마음 나락에 떨어지고

일이 좀 잘되어 간다고 금세 교만해지고
일이 좀 안되어 간다고 어느새 열등감에 빠지고

미숙은
좌우로 치우치고 상하로 요동하지만

성숙은
좌우로도 상하로도 언제나 한결같답니다.

017

이스마엘을 버리고, 이삭을 드리라

아브라함이
창21장에서 이스마엘을 버리고
창22장에서 이삭을 드렸던 것처럼

성도는
우리의 '육에 속한 것들'을 버릴 수 있어야 하고
우리가 '은혜로 받은 것들'까지도 드릴 수 있어야 합니다.

어떤 이는
'육에 속한 것'을 버리지 못해
아등바등 육에 머물고

어떤 이는
'영에 속한 것'을 드리지 못해
우물쭈물 다시 육으로 돌아갑니다.

신자라면 스스로에게 물어 봐야 합니다.
내 '버려야 할 이스마엘'이 있는가?

제자라면 스스로에게 물어 봐야 합니다.
내 '드려야 할 이삭'이 있는가?

성령님과의 교제 후

성령님과의
교제를 경험한 후에

어떤 이는
"내가 이런 사람이야"라고
자랑하지만

어떤 이는
"내가 그런 사람이었네요"라며
…웁니다.

019

여전하신 겝니다

하나님을
가벼이 여길수록

죄를
가벼이 여기게 되고

하나님께 대해
민감해질수록

죄에 대해
민감해집니다.

죄에 대한 관계가
여전하시다구요?

하나님에 대한 관계도
여전하신 겝니다.

사탄의 부흥

사탄은
이 시대에

눈은 예쁜데
눈빛은 흐리고

향수냄새는 짙게 나는데
영혼의 향기는 맡을 수가 없으며

몸의 근육은 그럴 듯한데
기도의 근육은 민망할 정도이고

화려한 옷은 입었는데
영혼의 옷은 벗은 채 부끄러운 줄도 모르는

그런 거북한 성도들을 일으키고 있습니다.

021
작은 일

성도는 정확히
작은 일에 충성한 만큼만
큰일에 충성할 수 있습니다.

큰일을 할 때 더 충성할 수 있다고요?
아닙니다.

그것은 '맡기신 주님에 대한 충성'이 아니라
그것을 '보는 사람을 향한 퍼포먼스'일뿐입니다.

깨끗한 마음

똑같은 일을 하지만
그것을 통해

'나'를 '사람들 앞'에
세울 수도 있고

'사람들'을 '하나님 앞'에
세울 수도 있습니다.

설교도, 찬양도, 강의도, 글쓰기도
그것이 아무리 거룩히 보이는 일이라 할지라도

깨끗한 마음이 없으면

나는 아무것도 아니고
내겐 아무 유익도 없습니다.

욕심마름

성경 지식을 많이 쌓았다고
신앙이 좋은 것은 아닙니다.

영적 은사가 많다고
신앙이 좋다고 할 수도 없답니다.

쌓은 지식으로 자기를 높이고
행한 기적으로 자신을 들렌다면

그것은 자기숭배이지
신앙이라고 여길 수 없으니까요.

'신비한 체험'이나
'탁월한 신학'
나아가 '하나님과의 친밀함'이라 할지라도

'그분을 향한 목마름'과
'자신을 위한 욕심마름'을 구별하지 못한다면

그것은
신앙이 아니라 우상숭배이며

···이단입니다.

024

이단 신앙

우리는 이단하면
이단 신학을 먼저 생각합니다.

하지만 그만큼이나 심각하고
그보다 많은 이단은

'이단 신학'이 아니라 '이단 신앙'입니다.

하나님이 나의 삶의 목적이 아니라
나의 목적을 위한 수단이라면

나의 신학은 이단이 아닐지 몰라도
나의 신앙은 이단 맞습니다.

말은 주님의 영광을 위한다 하지만
마음의 끝자락에 나의 욕망이란 동기가 숨어
나를 지배하고 있다면

끝이 다르니…
이단 맞습니다.

기독교가 세상으로부터
욕을 먹는 이유도

이단 신학 때문이라기보다
이단 신앙 때문입니다.

이단 신앙에 대한 싸움은 시작되어야 하고
그 싸움의 대상은 먼저…

'나'이어야 합니다.

안쓰럽습니다

소유로 자신을 증명하려고
애쓰는 사람을 보면 안쓰럽습니다.

영성으로 자신을 증명하려고
애쓰는 사람을 봐도 안타깝습니다.

하나님과의 친밀함으로 자신을 증명하려는
사람을 보고 깜짝 놀라기도 합니다.

은사를 권력으로 삼을 수 있고
은혜도 스펙으로 여길 수 있는 것이
죄인인 우리입니다.

내 모습이 그 모습임을
잊어버리지 않음이
참 은혜입니다.

증인이 되고파, 권력을 갖고파

증인이 되고파
은사를 구하는 사람이 있고

권력을 갖고파
은사를 구하는 사람도 있습니다.

평생 증인의 길을 걸어가는 사람
많지 않고

순간 권력의 길에 들어서 버리는 사람
적지 않습니다.

정치하듯이, 점치듯이

교회사역…

'정치하듯이' 할 수 있고
'점치듯이' 할 수 있습니다.

자리와 돈을
섬김의 도구로 사용하지 않고
지배의 도구로 사용하기 시작하면
'정치하듯이' 사역하게 되고

은사와 지식을
나눔의 도구로 사용하지 않고
권력의 도구로 사용하기 시작하면
'점치듯이' 사역하게 될 수 있습니다.

깨끗한 마음과 분별력이 없으면
누구나 빠질 수 있는 사역의 덫들이지요.

모르고
그럴 수 있으니

깨어있으렵니다.

더 큰 능력

'기적을 행하는 능력'보다
더 큰 능력은

기적을 행한 후에
반드시 찾아오는

'유혹을 이기는 능력'입니다.

'고난을 이기는 능력'보다
더 큰 능력은

고난이 지나고
풍요해졌을 때 찾아오는

'유혹을 이기는 능력'입니다.

교만

교만은
몰래 들어와
쌓아 놓은
경건의 보물들을 도적질하고
맺어 놓은
소중한 관계들을 파괴시켜 버립니다.

교만이
마음속에 둥지를 틀면
자신의 허물은 보이지 않게 되고
남의 허물을 들추어 정죄하며
스스로를 속이는 내 마음속에서
힘을 얻고 그 사나운 권력을 행사합니다.

하지만 교만은
빛 가운데 나아가
그 실체를 인정하면
깜짝 놀라 몸 둘 바를 몰라 하고
그 실체를 시인하면
벗은 듯 부끄러이 도망가 버립니다.

주어가 바뀌어버린 열매

큰 사역을 한다고
성공적인 사역에 대한 답을 가지고 있다고 생각하면
오산입니다.

그 열매는
우리가 주장해야 할 해답이 아니라,
우리가 간증해야 할 은혜이니까요.

유명한 사람이 되었다고
성공에 대한 답을 가지고 있다고 생각하면
착각입니다.

'주어가 바뀌어버린 열매'라면
우리는 성공자가 아닌
실패자일 수 있으니까요.

땀 흘려 최선을 다하고도

성공의 열매를 주인에게 드리며
"하나님께서 나 같은 자를 통해서도 이런 일을 하셨습니다"라고
나지막이 울며 고백할 수 있는

참 성공자로 살고 싶습니다.

영혼의 숨, 하늘의 쉼

살아갈수록
점점 무거워짐을 느낍니다.

몸무게가 아니라
자아의 무게 말입니다.

이것은 마치 블랙홀과 같아서
내 주변의 어떤 것이라도 빨아들여
스스로를 키우려 합니다.

이 괴물은
사람들도 소유들도 심지어 하나님조차도
모두 다 나를 위해 존재하는 것들로 만들어버립니다.

난 이 괴물이 무섭습니다.
잔뜩 웅크리고 벽 뒤에 숨어 있다가
내가 경계를 풀면 금세 나를 덮쳐 삼켜버립니다.

그래서 내게는
예수님이 필요합니다.

참 신비롭습니다.
그분과 함께 있으면
나는 죽고 그분이 나를 통해 살게 됩니다.

자아의 무게만큼 지고 있었던
수고하고 무거웠던 짐은 어느덧 사라지고

하늘을 호흡하는 영혼의 '숨'이
영혼을 자유케 하는 하늘의 '쉼'이

다시 나를 살게 합니다.
나를 다시 울게 합니다.

조롱 받는 교회를 꿈꾸며

초대교회 성도들은
세상과 다르게 사는 것 때문에
조롱을 받았지만…

오늘날의 성도들은
세상과 똑 같이 사는 것 때문에
조롱을 받고 있습니다.

다른 것이 있다면

그때는 세상으로부터
조롱은 받았지만
존경도 더불어 받았다면

지금은 교회를 향한
존경은 사라지고
조롱만 남아 있는 것처럼 보인다는 것입니다.

부러움을 받고 싶어 선택한 삶 때문에
존경을 잃어버렸고

조롱 받기 싫어 선택한 삶 때문에
조롱만 받고 있지 않나 싶어

자꾸 눈물이 납니다.

좁은 길을 가는 것 때문에 존경 받는 교회
좁은 길을 가는 것 때문에 조롱도 받는 교회…

그 교회를 다시 꿈꾸어 봅니다.

033

신앙 그릇

그 사람보다
신앙이 좋다고 생각하시나요?

분명히 그 사람보다
신앙이 좋은 '척'하고 계시는 겁니다.

하나님께서는
당신을 향한 '순전한 신앙'을

'비교의식'으로 더럽혀진 그릇에는
담지 않으시니까요.

정말 원하는 것

단지 '성공한 삶'을 원하는 사람이 있고
무엇보다도 '변화된 삶'을 원하는 사람이 있습니다.

하나님은 우리를
부하게 하시어 당신의 영광을 나타내시기보다
변하게 하시여 당신의 영광을 나타내시는 분이십니다.

그렇기에 우리는 이렇게 기도할 수 있어야 합니다.

성공하지 않아도 좋으니
변화시켜 달라고…

문제가 해결되지 않아도 좋으니
문제를 통해 날 변화시켜 달라고…

참복과 덤복

"예수 믿으면 복 받습니다." 아멘!!!

하지만 그 복은 번영신학에서 말하는 복과
같지는 않습니다.

다 '참된 복'과 '덤으로 받는 복'을 구별하지 못해서
많이들 오해하는 것이지요.

그의 나라와 의를 구하는 삶이 '참복'이고
그것에 더해 주시는 것들은 '덤복'입니다.(마6:33)

겸손과 여호와를 경외함은 '참복'이고
재물과 영광과 생명은 '덤복'입니다.(잠22:4)

영혼이 잘되는 것은 '참복'이고
범사가 잘되고 강건해지는 것은 '덤복'입니다.(요일1:2)

고난을 통해 정금같이 새로워지는 것은 '참복'이고
그 후 욥이 누린 갑절의 부요함은 '덤복'입니다.(욥23:10)

정직이 '참복'이고
정직해서 성공한다면 그 복은 '덤복'입니다.

충성이 '참복'이고
충성해서 오른 자리는 '덤복'입니다.

고난 때문에 기도의 사람이 되었다면 그것이 '참복'이고
기도로 문제가 해결되었다면 그것은 '덤복'입니다.

주를 향한 순종이 '참복'이고
그 순종을 통해 받은 복은 사실 '덤복'입니다.

참복을 몰라
덤복만 구하며 살았습니다.

이제는 덤복이 있으나 없으나
참복을 구하며 살렵니다.

헛된 부담

우리는 '그리스도를 전파하는 것'과
'자신을 전하는 것'을 동시에 하려 합니다.

'우리가 사람들의 주인 노릇' 하는 것을 좋아하면서
'하나님이 그들의 주님 됨'을 전하려고 합니다.

하지만 증인으로 살려 하면

'하나님의 전능하심'과 '나의 유능함'을
같이 전해야 하는 부담을 내려놓아야 하고,

'나'와 '하나님'을
같이 높여야 하는 헛된 부담을 내려놓아야 합니다.

그분의 이름이 거룩히 여김을 받으시게 하기 위해
나의 이름 하나 정도는 대가로 지불할 수 있어야 합니다.

3장

누 림

가장 큰 소원

아침 기도시간에

솔로몬에게 하신
하나님의 질문을
내게 해 보았습니다.

"내가 네게 무엇을 줄꼬?
너는 구하라"(왕상3:5)

내 안에서
고민이나 갈등 없이
툭 튀어나온 대답
.

.

'하나님의 임재'

여전~합니다

'삶의 문제'는
여전~하지만

'주의 은혜'도
여전~합니다.

늘 감사할 수 있는 것은…

문제가 사라졌기 때문이 아니라
은혜가 여전하기 때문입니다.

'주의 은혜'가
'삶의 문제'보다 큰 것도

여전~합니다.

맡길 줄도 알아야 합니다

항해와 같은 삶…

힘을 다해
땀 흘려 노를 저을 줄도 알아야 하지만

돛을 올려
바람에 배를 맡길 줄도 알아야 합니다.

신앙…

애쓸 줄도 알아야 하지만
맡길 줄도 알아야 합니다.

쉬지 않고 기도하기

쉬지
않고

기도할 수
있습니다.

쉬지
않고

사랑할 수
있다면…

은혜란 원래 그런 것인가 봅니다

은혜…
누리면 누릴수록 더 목마릅니다.

은혜란
원래 그런 것인가 봅니다.

은혜…
그 근원에 다다를 때까지

은혜란
원래 그러한 것인가 봅니다.

성령님이 답입니다

성령님은
되어져야 할 모습으로
되고 싶게 하시며
되기 쉽게 하십니다.

성령님은
해야 할 일을
하고 싶게 하시고
하기 쉽게 하십니다.

변화되어야 할 모습
해야 할 일은 알지만
'싶은 마음'과 '있는 능력'이 부족하나요?
·
·

성령님이 답입니다.

성령님의 세 가지 '깨'사역

성령님의 우리를 향한
세 가지 '깨'사역이 있습니다.

첫 번째 사역은 '깨우기'이고
두 번째 사역은 '깨우치기'이며
세 번째 사역은 '깨뜨리기'입니다.

깨우기를 통해
잠든 영혼에 영적인 인식을 더하시고

깨우치기를 통해
깨어난 영혼에 통찰을 더하시고

깨뜨리기를 통해
깨달은 영혼에 눈물을 더하십니다.

성령님의 이 세 가지 '깨사역'이 없었다면
제 삶… 생각만 해도 끔찍합니다.

그래서 날마다
그분의 '깨'사역을 구함으로 나아갑니다.

최고의 선물

인간은 누구든지
'환경'에 영향을 받으며 살아갑니다.

하나님도 이것을 잘 아시지요.

그렇기에 하나님께서는 당신의 자녀들에게
'가장 좋은 환경'을 선물로 주시길 원하신답니다.

풍족한 돈,
좋은 직장,
안락한 처소가 아닌

'하나님의 임재'라는 환경 말입니다.

항상 기뻐하는 것도
쉬지 않고 기도하는 것도
범사에 감사하는 것도

이 황홀한 환경이라면
못할 이유가 없습니다.

기도 시간

생각나는 것만 기도하면
10분도 긴 시간,

생각해 내서 기도하면
30분이면 족한 시간,

생각을 사로잡아 기도케 하시면
1시간도 짧은 시간.

046

기도할 수 없다구요?

힘들기 때문에
기도할 수 없다구요?

아닙니다
대부분은

기도하지 않기에
힘든 것이랍니다.

4장

영 원

Jesus is Love

이사를 하면서

나그네로 산다면서
바동바동 살았고

사명자로 산다면서
우물쭈물 살았습니다.

땅에서의
마지막 이사 때까지

소유에 매이지 않는
나그네로 살게 해주시고

부르심에 굳게 매인
사명자로 살게 해주십시오.

사람, 무엇으로 평가하십니까?

사람을 '이룬 업적'으로 평가하십니까?
사람을 '오른 자리'로 평가하십니까?
사람을 '가진 소유'로 평가하십니까?

결국, 사람은

.

.

'행한 사랑'으로 평가됩니다!

두려움의 시간, 기쁨의 시간

금요일 낮, 딸이 내게 와서 하는 말
"아빠, 난 토요일이 제~일 싫어."

"왜?"라고 묻는 내게
"한글학교에서 한글 받아쓰기가 있는 날이니까"라고 대답합니다.

그날 저녁, 엄마가 받아쓰기 연습을 시키고 시험을 보았습니다.
거실에서 딸의 기뻐하는 소리가 들렸습니다.

방에 있는 내게 달려와서 하는 말
"아빠, 나 받아쓰기 백점 맞았어."
"토요일이 빨리 왔으면 좋겠어."

"아빠, 난 토요일이 제~일 좋아."

준비하지 못한 자에게 그 날은 '두려움의 시간'이겠지만
준비된 자에게 그 날은 '기쁨의 시간'이겠지요.

아이와 함께 외운 말씀을 다시 읊조려 봅니다.

"너희가 다 반드시 그리스도의 심판대 앞에 드러나
각각 선악 간에 그 몸으로 행한 것을 따라 받으려 함이라."
(고후5:10)

녹화 중

너의 삶은…

'녹화 중'이란다.

잊지 말거라.

.

.

예, 주님.

내 주님 언제 오실지 모르나

내 주님
언제 오실지 모르나
난 그날을 기다립니다

주 앞에
떨그러니 부끄럽게 서고 싶진 않지만
하루도 참 부끄럽게 살아버렸습니다

오늘을
내일이 없는 것처럼 살되
영원을 준비하며 살아볼 순 없을까요

울며 하늘 향한 울보로
이 세상 셈법에 무능한 바보로
헐떡이며 은혜만을 구걸하는 거지로
십자가 그 사랑에 미쳐버린 광인으로

언제고
한 날 한 날
그리 그리 살아보고 싶습니다

2부

|

영혼들을 사랑함

넓 이 이
길 이 이
높 이 이
깊 이 이

5장

넓이

한 종류로 바라보기

세상에는 세 종류의 사람이 있습니다.

첫째는 '꼭 있어야 하는 사람'
둘째는 '있으나 마나 한 사람'
셋째는 '있으면 안 되는 사람'

그러나 사랑하면
다 '꼭 있어야 하는 사람'이 되어버립니다.

'자격'을 따지면 세 종류의 사람이 있지만
'사랑'을 따르면 한 종류의 사람만 있습니다.
.

.

사랑하니까요.

사랑이 이유입니다

받을 만하기에 주는 것이 아닙니다.
사랑하기에 주는 것입니다.

변화될 것이기에 참는 것도 아닙니다.
사랑하기에 참는 것입니다.

그 맘이 내게 열려 있어 품을 수 있는 것도 아닙니다.
사랑하기에 품을 수 있는 것입니다.

'사랑'이 '이유'입니다.

눈 내밀 만한 사람

눈에 티 들어간 사람에게
정말 필요한 사람은

눈에 티
무작정 빼려 드는 사람이 아니라
티 들어간 눈
기꺼이 내밀 만한 사람입니다.

티 좀 빼어달라며
그 눈 내밀 만한 사람은

눈의 티만
보는 사람이 아닌
'티 때문에 당하는 아픔'까지
보는 사람이지요.

사람의 악함도 약함도
그를 괴롭게 하는 눈의 티와 같을 것인데

그 고통 나눌 만한 내가 아니기에
그 고통 도울 만한 내가 아니기에
영혼들 여전히 그 고통 가운데 살아가고 있나 싶어

다시 내 마음
주님께 조아립니다.

사랑하지 않기 때문입니다

그 사람이 부담스러운 건
그 사람이 '부담스러운 사람이기 때문'이 아니라
내가 '사랑하지 않기 때문'입니다.

그 사람이 힘든 건
그 사람이 '버거운 사람이기 때문'이 아니라
내가 '사랑하지 않기 때문'입니다.

거칠어서, 불결해서, 허약해서, 너무해서
사랑할 수 없다구요?
．
．

사랑하면…
다 녹이고, 다 품습니다.

이런 말 머금고 삽니다

사랑하면

다 주고도
덜 준 듯 '미안'해 하고

덜 받고도
다 받은 듯 '감사'해 합니다.

그래 이들은
항상 이런 말 머금고 삽니다.

미안합니다.
감사합니다.

사랑합니다.

가슴 벅찬 특권

영혼들을 향한 나의 봉사
어느 하나라도
대가를 지불하고 바친 희생이라
그렇게 여기지 않게 하옵소서.

자기연민이
그것을 희생이라
속인다 할지라도

자기사랑이
그것에 대해 보상 받아야 한다
속삭일지라도

영혼들을 향한 나의 섬김
그 하나하나가
거저 누리는 가슴 벅찬 특권이라
그렇게만 여겨지게 하옵소서.

그것이 목회임을

남을 가르치다
내가 배우는 목회

남을 치유하다가
내가 치유되는 목회

남을 세우다가
내가 서는 목회

남을 살리다가
내가 살아나는 목회

그것이 목회임을
잊지 않으렵니다.

가까이 있는 사람들에게

가까이 있는 사람들에게
너무 세게 대하지 마세요.

그러면
당신을 보호하려고 하기보다
당신으로부터 자신을 보호하려고 할 테니까요.

가까이 있는 사람들을
온유하고 친절하게 대해주세요.

그러면
당신으로부터 자신을 지키려 하기보다
당신을 다른 것들로부터 지켜 줄 테니까요.

회개양과 용서군

'회개'의 과정에는 '후회'가 따르지만
후회한다고 다 회개한 것은 아닙니다.

'용서'의 결과로 '망각'하게 되지만
망각한다고 다 용서한 것은 아닙니다.

후회에 남아 있는 자기 사랑의 찌꺼기와
망각에 남아 있는 분노의 찌꺼기는
언제고 그 삶과 관계를
다시 더럽힐 수 있답니다.

올 한 해 많이 듣고 싶은 소식이 있습니다.

'회개'양과 '용서'군과의 만남이
이곳저곳에서 열매 맺고 있다는 소식 말입니다.

중간에 후회양과 망각군이
끼어들지 않도록 조심들 하십시오.

비위

음식에 비위가 약한 사람처럼
죄에 비위가 약한 사람이었으면 좋겠습니다.
어떤 종류의 죄라도
역겨워하고 멀리할 수 있으니까요.

음식에 비위가 강한 사람처럼
죄인에 대해서는 비위가 강했으면 좋겠습니다.
어떤 죄인이라도
사랑하고 품을 수 있으니까요.

사실은 죄에 대해 비위가 약할수록
죄인에 대해 비위가 강해진답니다.
죄를 그토록 미워하셨던 예수님이
죄인들을 그토록 가까이 하셨던 것처럼 말입니다.

죄에 대해서 그렇듯
죄인에 대해서도 비위가 약하시다고요?

사실 죄에 대해 아직 비위가 강하신 거랍니다.

깨끗하기, 깔끔 떨기

깨끗한 척하면
깨끗하지 않는 사람을 싫어하고 멀리하지만

정말 깨끗해지면
깨끗하지 않는 사람을 사랑하고 돕게 됩니다.

깨끗하지 않는 사람을
멀리하는 깨끗함은

사실은
깨끗한 것이 아니라

깔끔 떠는 것이랍니다.

가짜와 진짜 1

가짜는 진짜를 보면
자리를 빼앗기지 않을까 두려워하지만
진짜는 진짜를 보면
자리를 나눌 수 있어서 기뻐합니다.

가짜는 가짜를 보면
수준에 못 미침에 화를 내지만
진짜는 가짜를 보면
수준까지 내려가 돕습니다.

가짜는 누굴 만나도 불편하지만
진짜는 누굴 만나도 행복합니다.

가짜와 진짜 2

단지 변화된 척하는 사람은
진짜 변화되어 본 적도 없고
변화를 위한 대가를 제대로 지불해 본 적도 없기에

변화되지 않는 사람을
못마땅해 하며 쉽게 정죄하지만

정말 변화된 사람은
그 변화가 쉽지 않고
그 변화를 위해 어떤 대가를 지불해야 하는지를 잘 알기에

변화되지 않는 사람을
불쌍히 여기며 어렵지만 돕습니다.

가짜는
가짜를 보면 자기 같아서 화가 나고
진짜를 보면 자기보다 나아서 화가 나지만

진짜는
가짜를 보면 자기 같아서 돕고 싶고
진짜를 보면 자기보다 나아서 신이 납니다.

마음을 어렵게 하는 사람

마음을 어렵게 하는 사람이 있었습니다.

그래서 하나님께 물었습니다.
"하나님, 왜 그런 사람을 제게 붙여 주셨나요?"

주님은 대답하셨습니다.
"난 너를 통해 그를 변화시키기를 원한단다."

그래서 다시 물었습니다.
"하나님, 그 일을 꼭 제가 해야 하나요?

주님은 대답하셨습니다.
"그렇단다! 네가 해야 한단다. 왜냐하면…

난 그를 통해 너를 변화시키고 싶으니까."

6장

길 이

사랑의 길

누군가 '이 정도는 해주겠지' 했는데
기대에 미치지 못할 때
언짢고, 화나고, 싫어지고 그러나요?

'사랑'이 제시하는 두 가지 길이 있습니다.

기대에 미치는 자리까지 이르도록
사랑으로 섬기든지

아님 기대를 낮추고
여전히 사랑하든지

욕심의 길

누군가 '이 정도는 해 주겠지' 했는데
기대에 미치지 못할 때
언짢고, 화나고, 싫어지고 그러나요?

'욕심'이 제시하는 두 가지 길이 있습니다.

기대에 미치지 못하는 사람 때문에
미쳐버리든지

아님 기대를 포기하는 대신
사람을 포기해 버리든지

068

남들이 뭐라 생각할까

아이의 미래를 걱정하는 것이
진정 아이의 미래 때문인가요?
다른 사람들의 나에 대한 평가 때문인가요?

다른 이의 평가가 중요한 부모는
사실 아이의 신앙을 걱정하는 것이 아니라
단지 아이의 신앙에 대한
다른 사람들의 평가를 걱정할 뿐이지요.

'남들이 뭐라 생각할까?'
이 염려만 던져버리면
자녀를 향한 염려의 8할은 사라지고
자녀와 멀어진 관계의 8할은 회복된답니다.

사랑은 언제나 오래 참고

오래 참음이란?

분노를 지속적으로 붙잡고 있는 마음의 상태가 아니라
사랑에 지속적으로 붙잡혀 있는 마음의 상태를 말합니다.

이 사랑을 하고 있는 사람은
이런 고백 연습하며 살아갑니다.

"나는 당신을 기다리는 것이
참~ 행복합니다.

나는 당신과
끝까지 함께할 거예요.

당신의 문제를 해결하는 것보다
내겐 당신이 더 소중하니까요."

보다 소중한 열매

사람들에게
배웠습니다.

'인내하면 열매를 맺을 수 있다고.'

하나님께
배워갑니다.

'그 인내가 열매라고.'

그때까지

주어도 갚을 것이 없는 영혼들에게
주어야 합니다.

그 베풂이 내 마음을 부요케 할
그때까지

참아도 변화되지 않는 영혼들을
참아야 합니다.

그 참음이 내 삶을 변화시킬
그때까지

품어도 맘 아프게 하는 영혼들을
품어야 합니다.

그 품음이 나를 치유할
그때까지

동역의 자질

동역하는 사람들의
'돈'과 '지식'과 '스펙'에 끌려 함께한다면
일은 잘될지 모르지만
그 관계는 오래가지 못할 것입니다.

동역하는 사람들의
'신앙'과 '성품'과 '비전'에 끌려 함께한다면
일은 결국 되어지고
그 관계도 오랫동안 지속될 것입니다.

신앙과 성품과 비전을 준비해 두렵니다.

하나님과도 사람들과도
오랫동안 동역하고 싶으니까요.

073

인격이 하는 사랑

'감정이 하는 사랑'이 있고
'인격이 하는 사랑'이 있습니다.

감정이 하는 사랑만 가진 사람은
그 감정의 기름을 다 소모하고 나면
타올랐던 사랑도 사라지고 말지만

인격이 하는 사랑을 가진 사람은
그 감정의 기름을 다 소모하고 나서도
그 사랑은 계속 타오릅니다.

인격은
감정과는 다른 차원의
사랑의 기름인가 봅니다.

참 신비로운
사라지지 않는 기름입니다.

결정의 지혜

분노가 우리를 다스릴 때는
아무것도 결정해서는 안 됩니다.

무엇이든 평안이 우리를 다스릴 때
결정하는 것이 지혜입니다.

7장

높 이

더 사랑했다면

프로그램을 하나 마쳤다고
영적으로 더 성장하는 것은 아닙니다.

성경 지식이 더 많아졌다고
보다 영적인 사람이 된 것이라 생각하면 안 됩니다.

성령의 임재를 더 강하게 느꼈다고
보다 영성이 탁월해졌다고 생각하면 착각입니다.

프로그램을 마치고
말씀에 순종하여
성령의 인도하심을 따라

더 사랑했다면
더 성장한 것입니다.

건강한 자존감

가짜는
'나'를 위해
'남'을 사랑할 뿐이지만

진짜는
'남'을 위해
'나'를 사랑할 줄 압니다.

가짜가
받는 형벌은
'병든 자존심'이지만

진짜가
받는 보상은
'건강한 자존감'입니다.

최선

내가 최선을 다하고 있다 생각하니
남의 부족함이 그리 잘 보이고

남이 최선을 다해야 한다 생각하니
자꾸 불만만 쌓여 가는가 봅니다.

남이 최선을 다하고 있다 생각하면
내면의 소음은 잠잠해지고

내가 최선을 다해야 한다 생각하면
영혼은 이내 평안으로 가득해집니다.

내 안의 짐승과 성자

내 안에
사납고, 차갑고, 이기적이고
남을 억누르고, 손가락질 하고, 조급하며
시기하고, 교만하고, 분노에 사로잡힌

'짐승'이 있습니다.

내 안에
맑고, 따뜻하고, 이타적이고
친절하고, 남을 위로하고, 부드러우며
사랑스럽고, 겸손하고, 깊은 평안에 사로잡힌

'성자'가 있습니다.

은혜의 부재는
짐승으로 날뛰게 하지만
은혜의 임재는
짐승을 잠재우고

성자를 깨워 일으킵니다.

Give & Take

보통 사람관계는 Give & Take의 관계입니다.

그 마음이 마치 무형의 은행과 같아서
먼저 입금을 하고 나중에 그것을 가져다 쓰는 형식이지요.

부탁을 들어주고 입금이 되었다 싶으면
또 부탁을 하기도 하고
내가 주었기에 부탁할 수 있고
내가 받을 것을 기대하며 주기도 하고.

사실 그것은 사랑이 아닙니다.
일종의 계약 관계이지요.
그러니 주어도 돌려받을 것이 없는 사람들이나
나의 것을 빼앗아 간 사람들은 사랑할 수가 없을 수밖에요.

참 사랑은
사랑하는 마음 자체가 충분한 입금이기에
다른 입금, 즉 '조건'이 필요하지 않게 됩니다.

받은 것이 없어도 그가 있는 것 자체만으로 충분히 감사하고
주고도 덜 준 듯 도리어 미안해하는 것은 이 사랑 때문이지요.

참 사랑은…
'주고받기'에 병들어 버린 우리의 마음을
깨우치고 치유하는 능력이 있답니다.

맑은 물

"맑은 물에는 물고기가 살지 못한다"고 합니다.
그렇다면 …

고기를 포기하렵니다.

고기들이 사는 물이 아니라
영혼들이 마실 물이 되어야 하니까요.

사람 바꾸기

공동체에서 함께 일을 하다 보면
일을 잘 못해내는 사람이나
관계를 잘 못 맺는 사람들을 만나게 됩니다.

어떻게 해야 할까요?
네 가지 대안이 있습니다.

첫 번째는 사람을 … 바꾸든지
두 번째는 사람을 … 바꾸든지
세 번째는 사람을 … 바꾸든지
네 번째는 사람을 … 바꿔주든지

사람을 (자르고 다른 사람으로) 바꾸든지
사람을 (섬겨 다른 모습으로) 바꾸든지
사람을 (대하는 내 모습을) 바꾸든지
사람을 (다른 직무로) 바꿔주든지 해야 합니다.

바라기는 첫 번째 방법이
가장 쉬운 선택이 아니라
가장 어려운 선택이었으면 좋겠습니다.

사랑하는 말, 사냥하는 말

'사실을 말하느냐'보다 중요한 것은
그것을 '사랑으로 말하느냐'입니다.

공동체의 많은 문제는
자신이 사실이라 생각하는 것을
'악의'를 가지고 말하기 때문에 생겨나고
'재미'로 말하기 때문에 생겨나는 거랍니다.

상대의 문제 해결을 돕고자 한다면
스스로에게 이런 종류의 질문을 해 보아야 합니다.

문제 있는 그를 '때리고' 있는가?
문제를 그로부터 '떼어내고' 있는가?

듣는 사람이 '지적' 받았다 생각하는가?
듣는 사람이 '도움' 받았다 생각하는가?

언급된 사람을 '그 문제아'라고 여기고 있는가?
언급된 사람이 '그 문제, 아!' 하며 깨닫고 있는가?

사실로 그 사람을 '사냥'하고 있는가?
진실로 그 사람을 '사랑'하고 있는가?

조금씩 배워가지만
당당 멀었습니다.

다름과 아림

가까이 있는 사람을 사랑하려면
무엇이 '다른지'를 아는 것도 중요하지만
무엇에 '아린지'를 아는 것이 참 중요합니다.

누군가를 향한 당신의 불만과 비판은
그 사람의 '그름' 때문이 아니라
'다름' 때문일 수 있고

당신을 향한 누군가의 외침과 눈물이 있다면
그것은 단순히 그 사람의 '여림' 때문이 아니라
그의 아픈 '아림' 때문일 수 있습니다.

다름과 아림을 이해해 가며
사랑은 사랑이 되어가겠지요.

'다름'은 조금은 알았지만
'아림'은 퍽이나 몰랐습니다.

사실은

그가 너무하다 생각했는데
그도 너무 아파서 그런 것이었고

그가 무례하다 생각했는데
그도 무서워서 그런 것이었습니다.

그가 아니다 싶었는데
그는 아리고 있었고

그가 악하다 싶었는데
그는 약한 것이었습니다.

그가 사나운 게 아니라
내가 사나운 것이었고

그가 삐뚤어진 게 아니라
내가 삐뚤어져 있었습니다.

나 때문에

사람들과
관계하면서…

우리는 흔히
'남들 때문에' 내가 힘들다고
생각합니다.

은혜 아래
나를 알아가면서…

사실은
'나 때문에' 내가 힘들어 하고 있음을
인정하게 됩니다.

그러면서
자라갑니다.

086
나였음을

나는 사람들을 보며
"하나님, 사람들이 왜 변화되지 않나요?"라고
질문했었습니다.

그때마다 주님은 나를 보시며
"정말 그렇지~"라고 하시며 지긋이 웃으셨습니다.

그리고 한참 후에야 알게 되었습니다.
그때 변화되지 않고 있었던 사람이
나였음을…

때론 사람들을 보며
"하나님 사람들이 변화되고 있어요!"라고
탄성을 지었습니다.

주님은 그런 나를 보시며
"정말 그렇지~"라고 하시며 지긋이 웃으셨습니다.

그리고 한참 후에야 알게 되었습니다.
그때서야 변화되고 있었던 사람도
나였음을…

선교와 사업

평신도도
깨어 있으면
'선교로서의 사업'을 감당하지만

선교사도
깨어 있지 못하면
'사업으로서의 선교'를 하게 될 뿐입니다.

물론 평신도도
깨어 있지 못하면
'선교라고 우기는 사업'을 하게 될 뿐이지요.

아무리 거룩한 일도
거룩함을 잃어버리면

거북해질 수 있습니다.

황당한 만남, 황홀한 만남

선교지에서 보는 황당한 만남이 있습니다.
현지인을 '종'으로 생각하는 선교사와
선교사를 '봉'으로 생각하는 현지인의 만남입니다.

선교지에는 정말 황홀한 만남도 있습니다.
자신을 현지인의 '종'으로 생각하는 선교사와
선교사를 자신의 '본'으로 생각하는 현지인과의 만남입니다.

'봉'으로 여겨지지 않고
'본'으로 여겨지는 사역자들이 있어 좋고

'종'으로 부리며 사역하지 않고
'종'으로 섬기며 사역하고 계시는 분들이 있어 행복합니다.

오늘도 이곳에서
그런 분들을 만나는 꿈을 꾸며 살아갑니다.

8장

깊 이

너 때문이라면

사랑하지 않으면
문제 있는 사람과 함께 살며
이렇게 말합니다.

"너 때문에 내가 왜 이런 일까지 해야 하느냐?"
"너 때문에 내가 왜 이렇게 되어야 하느냐?"

사랑하면
문제 있는 사람과 함께 살며
이렇게 말하지요.

"너 때문이라면 난 어떤 일이라도 할 거야!"
"너 때문이라면 난 어떻게 되어도 좋아!"

주님, 십자가 위에서
이 고백으로 견디셨을 것 같습니다.

"너 때문이라면 난 어떤 일이라도 할 거란다!"
"너 때문이라면 난 어떻게 되어도 좋단다!"

내 품에 맡기시네

이전엔 그의 약함만 보였는데
이젠 그의 아픔이 보이네

이전엔 그의 악함만 보였는데
이젠 그의 고통이 보이네

이전엔 그의 무지가 드러나길 기도했는데
하나님 오히려 나의 오만을 드러내시네

이전엔 '그를 변화시켜 달라' 기도했는데
하나님 오히려 '네가 변해야 한다' 말씀하시고

그 영혼 내게 맡기시네
그 영혼 …

내 품에 맡기시네.

치유의 비결

사람들은 사랑 받아야 한다고 생각했던 사람으로부터
사랑 받지 못함으로 인해 생긴 상처를 가지고 살아갑니다.

이전엔
그가 돌이켜 내게 사랑을 주어야
내 상처가 치유된다고 생각했습니다.

사실은
내가 돌이켜 그를 사랑할 때에야
내 상처는 온전히 치유되는 것이었습니다.

그가 돌이키든
돌이키지 않든 말입니다.

용서

그 사람을
가둬 놓고
나도 내내
갇혀 살고

그 사람을
풀어 주고
나도 이내
풀려나고

그를 그만 풀어주는 것이 용서이고
나를 그만 풀어주는 것이 용서입니다.

용서함으로 누리는 '자유' 때문에
기뻐하고 있을
아니 이제야 한 용서 때문에
되레 미안해하고 있을

이제 자유케 된 당신에게
힘찬 박수를 보냅니다.

괴물 퇴치법

도무지 용서가 안 되는
원수 같은 사람이 있나요?
그가 끔찍한 괴물처럼 느껴지시나요?

사실은
그 사람이 괴물이 아니라
그 사람을 향한
내 마음 안의 분노와 두려움이 괴물의 실체이지요.

알고 보면 그는
누군가의 도움의 손길을 기다리며
울고 있는 연약한 한 사람일 따름이랍니다.

욕심이 잉태하면 죄를 낳듯
긍휼이 잉태하면 용서를 낳고
우리가 용서를 선택하면
괴물은 어느덧 사라져 버립니다.

상처가 아문 자리

상처

덧나고 덧나
찢겨진 마음으로 살아가는 사람도 있고
아물고 변화되어
치료의 능력을 지니고 살아가는 사람도 있습니다.

상처 때문에
너무 아파 죽고 싶었는데
도리어 그 상처가
살아갈 이유가 된 게지요.

상처가 아문 자리에서 자라는
새로운 언어
널따란 품
살아갈 이유 …

상처 때문에 맺게 된
아름다운 삶의 열매들입니다.

울컥

그런 종류의
사람들을 생각하면

이전엔
성질이 울컥했는데

이제는
눈물이 울컥합니다.

사람 관계도
BC와 AD가 있나 봅니다.

096

원수 사랑

'원수를 사랑하라'는
주님의 말씀 안에는
자신을 사랑하는
소중한 비결과 지혜가 담겨 있습니다.

어떤 이는
원수로 인해
스스로
파괴되고 무너지지만

어떤 이는
원수로 인해
스스로
더 맑아지고 더 깊어집니다.

원수 사랑

.

.

최고의 영성 훈련입니다.

다르다고, 다르지 않다고

미숙은
약한 자와
악한 자를 향해
나의 가치는
너의 가치와 다르다고
나의 의는
너의 의와 다르다 하며
나를 그와 다르게 보려 하지만

성숙은
약한 자와
악한 자를 향해
너의 가치가
나의 가치와 다르지 않고
나의 의가
너의 의와 다르지 않다 하며
그를 나와 다르게 보지 않는답니다.

황금률

영적 아이는
남에게 '대접받기만 하며' 살아갑니다.

조금 크면
남에게 '대접받은 대로'
남을 대접할 줄도 알게 됩니다.

장성한 사람이 되면
남에게 '대접받기를 원하는 대로'
남을 대접하며 살아갑니다.
남이 나를 대접하지 않는다 하더라도 말입니다.

빨리
어른이 되고 싶습니다.

099
지킬 만한 자존심

자존심이 상했었습니다.

남의 연약함 하나
지켜주지 못하고
도리어 험담하며
비웃고 있는 자신을 보며…

부끄러웠습니다.

남의 그러함 하나
섬겨주지 못하고
오히려 비난하며
눈에 힘주고 있는 자신을 보며…

이 자존심만은 지켜가고 싶습니다.

138

네 덕, 내 탓

'공'이 드러나면
'다 당신 덕입니다'라고 해 보십시오.
그도 부쩍 커지고
나는 훨씬 커진답니다.

'과'가 드러나면
'다 내 탓입니다'라고 해 보십시오.
잃는 것은 하나도 없는데
얻는 것은 헤아릴 수 없답니다.

네 덕, 내 탓

나와 남을 행복케 하는
참 신비로운 셈법입니다.

101
짐과 날개

일감은

영혼을 섬기는 삶을
어깨 위의 '짐'으로 여겨
늘상 도망하지만

일군은

영혼을 섬기는 삶을
어깨 위의 '날개'로 여겨
마냥 소망합니다.

102

나를 버릴 만한 사랑이 있는가

"그들의 죄를 사하시옵소서 그렇지 않사오면 원컨대
주의 기록하신 책에서 내 이름을 지워버려 주옵소서."(출
32:32)

"나의 형제 곧 골육의 친척을 위하여 내 자신이 저주를 받아
그리스도에게서 끊어질지라도 원하는 바로라."(롬9:3)

다시 물어 봅니다.

모세처럼
바울처럼
나를 버릴 만한 '사랑'이 있는가?
나를 버릴 만한 '사명'이 있는가?

나의 목회, 나의 관계…

그들이 아닌 내가 문제였고
다른 것 아닌 이것이 문제였습니다.

항상 그랬습니다.

3부

|

스스로를 돌아봄

힘 빼 기
깨어지기
처 하 기
크   기

9장

힘 빼기

힘 빼기

하수는
힘을 주는데

고수는
힘을 뺍니다.

운동이
그렇고

삶은
더욱 그렇습니다.

104

괜찮은 사람

흠이 없어
괜찮은 사람도 좋지만

흠도 나눌 수 있어
괜찮은 사람이 더 좋습니다.

105

휘젓는 막대기, 맑은 물줄기

물이 맑지 않다는 것을 드러내려 한다면
막대기로 휘젓기만 하면 되겠지만

그 물을 맑게 하려 한다면
맑은 물을 흘러 보내 주어야 합니다.

나의 말과 나의 글이

세상의 더러움을 드러내는
'휘젓는 막대기'가 아니라

세상의 더러움을 씻어내는
'맑은 물줄기'와 같았으면 좋겠습니다.

106

하게 되는 은혜

어떤 이는
주변사람들을
변화시키려 들지만

어떤 이에게는
주변사람들의
변화가 따릅니다.

어떤 이는
자기 영성을
증명하려 들지만

어떤 이에게는
그 영성으로 인한
증거가 따릅니다.

하려 드는 힘을 뺀 후에야
하게 되는 은혜를 얻습니다.

종의 겸손

예수님의 흔적을 따라
종으로 살기를 연습하다 보면
사람들이 종처럼 대할 때가 있습니다.

그것이 서운하다면
아직 종으로 살지 않는 것입니다.

예수님의 말씀을 따라
겸손히 살기를 연습하다 보면
사람들의 발에 밟힐 때가 있습니다.

그것 때문에 마음이 어렵다면
아직 겸손하지 않은 것입니다.

내 성공의 트로피

주께서
나 같은 자를 통해 이루셨던
그 작은 일들조차

거실 잘 보이는 곳에 버젓이 올려진
내 성공의 트로피가 되어 있진 않은지

내 마음의 거실을
다시 둘러보고 있습니다.

저~기 있습니다.

성숙과 미숙

성숙은
무지를 두려워하지만
미숙은
무지가 드러날까 봐 두려워 합니다.

성숙은
영혼들을 섬길 능력 없음에 아파하지만
미숙은
영혼들이 자기를 향해 능력 없다 함에 아파합니다.

성숙은
무지하고 무능한 자신을 매일 직면하지만
미숙은
무지와 무능이 드러나는 상황만을 회피합니다.

그렇기에

성숙은
무지와 무능에서 점점 벗어나고
미숙은
점점 무지와 무능의 벗이 되어갑니다.

110

바늘귀 넘어 천국

"낙타가 '바늘귀'로 들어가는 것이
부자가 하나님의 나라에 들어가는 것보다 쉬우니라."(눅18:25)

천국은 항상
바늘귀 너머에 있습니다.

그 바늘귀를 통과할 만큼
내가 작아지면
천국은 언제나
나의 것이 됩니다.

언제나 내 앞에 놓여 있는
'바, 늘, 귀'

이것 때문에 더 나아갈 수 없어 울고
그것 때문에 더 작아질 수 있어 웃습니다.

111

강함과 온유함

강해지려다
거칠어질 수 있고

온유해지려다
유약해질 수 있습니다.

참사랑은

강함에서
거침을 제거하고

온유함에서
유약함을 걸러낸답니다.

112

배설물

나의 학위, 직급, 경력, 가진 돈이
'나'라는 사람이 어떤 존재인가를
말해주고 있다고 생각하면
마음이 항상 불편했었습니다.

그 모든 소유가 전부 사라졌을 때
남아 있는 '나'
그것이 '나'라는 존재임을 알게 되니
마음은 이내 평안해졌습니다.

바울이 '배설물'로 여겼던 것으로
자신을 치장하고 들레며 다니는 모습
남의 그러함에 부러워할 것 아니었고,
나의 그러함에 부'끄'러워할 것이었습니다.

난 어느 교회 출신이에요

"난 어느 교회를 다녔어요."
"난 어느 교회 출신이에요."
이런 말은 자신이 자라온
신앙의 배경을 설명할 때 쓰는 말이랍니다.

어느 유명한 교회에 시험 보고 들어간 것도 아니면서
어느덧 그 교회 교인된 것을 스펙이라도 되는 것마냥
"난 어느 교회를 다녔어요."
"난 어느 교회 출신이에요." 하고 있진 않으시겠지요?

제가 그랬답니다.

부르신 곳이라
메마른 곳을 선택했고
보내신 곳이라
화려함과는 거리가 먼 곳을 선택한 분들

그런 분들을 생각하면
왜 그리 내 자신이 작게 보이던지…

꿈 꾀 깡 끼 끈

성공을 위한 다섯 가지 'ㄲ'이 있습니다.
꿈, 꾀, 깡, 끼, 끈이 그것입니다.

불결한 사람이 이것을 가지면
'꿈'은 '야망'이 되고
'꾀'는 '술수'가 되며
'깡'은 '혈기와 고집'이 되고
'끼'는 '뜨기 위한 기교'가 되며
'끈'은 '언젠가 이용할 사람들'이 되지만

정결한 사람이 이것을 가지면
'꿈'은 '비전'이 되고
'꾀'는 '지혜'가 되며
'깡'은 '열정과 인내'가 되고
'끼'는 '섬기기 위한 능력'이 되며
'끈'은 '서로 도울 동역자들'이 됩니다.

깨끗한 마음이 없으면···

나는 아무것도 아니요
내겐 아무 유익도 없습니다.

제물 이미지

성경에서 송아지 하면
두 가지 이미지가 떠오릅니다.

하나는 제단 위에 자신을 드린
'피 흘리는 제물의 이미지'이고
하나는 단상 위에 올라가 있는
'빛나는 금송아지의 이미지'입니다.

이 땅의 리더들을 생각해도
두 가지 이미지가 떠오릅니다.

하나는 영혼들을 위해서 자신의 삶을 온전히 내어드린
'핏빛 제물의 이미지'이고
하나는 영혼들 위에서 자신의 귀함을 들레며 과시하는
'금빛 우상의 이미지'입니다.

우리의 이미지…
핏빛 나는 '제물의 이미지' 인가요?
금빛 나는 '금송아지의 이미지'인가요?

'제물로 죽는 것'이
'우상으로 숭배 받는 것'보다 더 영광스럽고
'핏빛'이
'금빛'보다 더 아름답습니다.

10장

깨어지기

깨어짐의 자리에서

이상합니다.
가슴은 아픈데
마음은 행복했습니다.

눈물은
아파서도 흘렸고
기뻐서도 흘렸습니다.

그 깨어짐의 자리에서

눈물은
더러움의 사슬을 끊어버렸고
어두움은
울음소리에 놀라 도망가 버렸습니다.

하하하

우는데
웃고
웃으며
웁니다.

나는 자유합니다.

117

그때는

사람들이 변하지 않을 때,
그때는…

'내가 변해야 할 때'입니다.

상황이 바뀌지 않을 때,
그때는…

'내가 바뀌어야 할 때'입니다.

은혜로 변화를 맛본 사람은

은혜로 변화를 맛본 사람은
자기의 의를
마치 더러운 누더기처럼 여깁니다.(사64:6)

그렇기에 이들은
자기의 의와 업적을 말하는 것을
더러운 거지의 옷을 자랑하는 것과 같이 여겨 멀리하며

자기의 약함과 온전치 않음을 드러냄으로
주님의 강함과 온전함을 보다 분명히 드러내려 합니다.

정화와 미화

스스로를
'정화'시켜 가는 사람도 있고
스스로를
'미화'시켜 가는 사람도 있습니다.

스스로를 정화시켜 가는 사람은
자신의 '불결한 모습'을 늘상 바라보며
그 모습 나누는 것도 부끄럽게 여기지 않는 반면

스스로를 미화시켜 가는 사람은
자신의 '그럴듯한 모습'만을 보려 하고
그 모습 나누면서도 부끄러운 줄 모른답니다.

120

깨뜨려 깨우심

깨어 있는 삶을 산다고
자부하는 사람조차도

깨어진 후에야
깨어 있는 삶이 무엇임을 실제로 자각합니다.

깨어 있음을 인식하는 능력조차 상실해 버린
그런 삶을 살아가고 있을 때

주님의 '깨뜨리심'은
내 영혼의 숨통을 다시 터뜨리십니다.

'인생 채찍'으로 깨뜨려 깨우시지 않으시고
'기도의 은혜'로 깨뜨려 깨우심에

그저 감사할 따름입니다.

후회와 회개

잘못을 인식만 하는 것과
잘못으로부터 돌이키는 것은 같지 않습니다.

한 가지를 '후회'라고 말한다면
다른 한 가지를 '회개'라고 말합니다.

'후회'에는 '쓰라림'만 있지만,
'회개'에는 '깨어짐'이 있습니다.

깨어진 틈 사이로
하늘을 볼 수 있음이

'깨어짐'의 가장 큰 축복입니다.

은혜 아래서

은혜 아래 숨지 못하면

'숨기고 싶습니다'
나의 못남을.
'숨고 싶습니다'
나의 못남이 드러나는 환경에서.

은혜 아래 죽지 못하면

'죽이고 싶습니다'
나의 못남을 드러내는 사람을
'죽고 싶습니다'
드러난 나의 못남 때문에.

은혜 아래 깨어진 사람은

실패를 말할 수 있습니다.
'내가 그랬네요'라고
약점을 고백할 수 있습니다.
'내가 그러네요'라고

123

자살

'자기 잘못'이 드러나서
'수치심' 때문에 자살을 선택하는 사람이 있고

'남의 잘못'에 억울해서
'복수심' 때문에 자살을 선택하는 사람도 있습니다.

'자신'을 죽이면
정말 죽지만

'자아'를 죽이면
다시 삽니다.

다시 사셨으면 합니다.

참 이상합니다

참 이상합니다.

교만해질수록
자신의 교만함에 더 무지해지고

불결해질수록
자신의 불결함에 더 무지해지니 말입니다.

참 이상합니다.

겸손해질수록
자신의 교만함이 더 분명히 보이고

순결해질수록
자신의 불결함이 더 분명히 보이니 말입니다.

125

이곳에서만은

이곳에서는

진리를 설명할 줄 아는 사람보다
진리 앞에 울 줄 아는 사람을 만나고 싶습니다.

이곳에서는

사람들을 향한 판결문을 펼쳐 외치는 소리보다
자신에 관한 참회록을 펼쳐 고백하는 소리를 듣고 싶습니다.

이곳에서는

똑똑하고 탁월한 사람보다
맑고 따뜻한 사람을 만나고 싶습니다.

이곳에서만은…

11장

처하기

126

처할 줄 아는 복

고난이 '화'고
성공이 '복'이라구요?

아닙니다.

그것에 '취'해 버리면
다~ '화'고

그것에 '처'할 줄 알면
다~ '복'입니다.

더 좋습니다

풍족할 때보다
가난할 때
더 기도할 수 있어서 좋습니다.

성공했을 때보다
실패했을 때
더 겸손해 질 수 있어 좋습니다.

형통할 때보다
고난 받을 때
더 강해 질 수 있어 좋습니다.

인정받을 때보다
인정을 잃을 때
더 스스로를 돌아볼 수 있어서 좋습니다.

하나님은
내 환경보다 상황보다
항상 크신 분이셔서

너무 좋습니다.

축축하지? 촉촉한데!

비 오는 날…

함께 비를 맞고 있는 두 화분의 대화를
우연히 엿듣게 되었습니다.

축축~하지? ㅜㅜ

.

.

촉촉~한데! ^^

발생하는 일보다 중요한 것은
항상 그것에 대한 반응입니다.

문제 앞에 네 종류의 사람

문제를 만나면 그 반응에 따라
네 종류의 사람이 있음을 봅니다.

문제를 만나면

'폭발하는 사람'이 있고
'도피하는 사람'이 있으며
'기다리는 사람'이 있고
'직면하는 사람'이 있습니다.

폭발하는 사람은
문제가 있는 사람과 상황을 감정적으로 받아들이지 못하고
분노와 고집스러움으로 반응하는 사람이고

도피하는 사람은
힘들어서, 무서워서, 부끄러워서, 아파서
사람과 상황을 피해 도망 다니는 사람이며

기다리는 사람은
누군가 이 상황을 해결해 주든지
시간이 해결해 주겠지 하며 무작정 기다리기만 하는 사람이고

직면하는 사람은
문제 해결을 위해 기도 가운데 스스로 해야 할 일을 찾고
겸손과 지혜와 용기로 그 문제를 해결해 가는 사람입니다.

어떤 삶을 원하냐고 스스로에게 물어보았습니다.

순간순간 하나님께 '도피하여'
하늘의 은혜를 간절히 '기다리다가'
부으시는 은혜로 문제들을 '직면하여' 해결해 갈뿐 아니라
매 순간 내 안의 예수생명이 '폭발'하듯 터져 나오는 삶…

퍽이나 그 삶이 목마릅니다.

유혹과 고난

유혹은 작을수록
인식하기 어렵고

고난은 클수록
인내하기 어렵습니다.

잎새에 이는 바람
그 작은 흔들림에도
괴로워할 줄 아는 영적 민감함을 주시고

바위를 터뜨리는 태풍
그 강한 고난에도
흔들리지 않는 영혼의 강직함을 주옵소서.

숨통을 열고 날개를 펼쳐라

우리는
고난 때문에
숨이 막힌다고 하소연하지만

주님은
고난을 통해
새로운 숨통을 열어주십니다.

우리는
절벽까지 떠밀려
곧 죽을 것 같아 안절부절하지만

주님은
절벽까지 떠밀어야
날개를 펼칠 것을 알고 계십니다.

숨이 막히고 죽을 것만 같다구요?

막혀 있던 숨통을 열고
하늘을 호흡하길 시작하십시오.

묶여 있던 날개를 펼쳐
날아 ⋯ 오르십시오.

132

인내와 고뇌

참으며
마음이 '강해지고' 있다면
그것은 '인내'입니다.

참으며
마음이 '상해가고' 있다면
그것은 '고뇌'일 뿐입니다.

어떤 이는 사랑으로 참지만
어떤 이는 사랑 없이 참고만 있습니다.

하나는 할수록 큰 유익이지만
하나는 할수록 큰 손해입니다.

133

바람에 나는 겨

사역에 실패한 것 같으면 우울하고
사역에 성공한 것 같으면 우쭐하나요?

내가 더 못났고 덜 가졌다 싶으면 열등감에 빠지고
내가 더 잘났고 더 가졌다 싶으면 우월감에 빠지나요?

우울과 우쭐 사이를 갈팡질팡하는
열등과 우월 사이를 왔다갔다하는

'바람에 나는 겨'와 같은 인생.

남이 그러면 '약함'이라 여겨 품고 울어 섬기면서도
내가 그러면 '악함'이라 여겨 때려 울어 고치렵니다.

134

더 복 있는 사람

앞뒤좌우가 막혔을 때
하늘을 볼 수 있는 사람은

복 있는 사람입니다.

앞뒤좌우가 다 열려 있는 데도
늘 하늘을 우러러 사는 사람은

더 복 있는 사람입니다.

135

그냥 압니다

곤고할 때 기도하는 사람 많이 있지만
형통할 때 기도하는 사람 많지 않습니다.

실패했을 때 주께 매달리는 사람 많이 있지만
성공했을 때도 주께 매달리는 사람 많지 않습니다.

자리를 잃었을 때 위를 보는 사람 많이 있지만
자리에 올라서도 위를 보는 사람 많지 않습니다.

성도의 신앙

형통할 때
성공했을 때
자리에 올라 있을 때 보면

그냥 압니다.

최고의 수제화

어제는 첫째 딸아이 신발 밑창에 구멍이 나서
신발을 하나 사주려고 함께 쇼핑몰에 갔습니다.

좋은 신발 하나 신겨주지 못한 터라
맘먹고 좀 좋은 신발가게에 들어가
"맘에 든 것 하나 골라 보거라" 했습니다.

예쁜 신발을 골라야 할 아이의 눈은
자꾸 가격표를 향하고…

이것저것 몇 개를 확인하더니
결국 아이는 내 손을 끌어당기며
"아빠 이곳은 너무 비싸다. 다른 데로 가자"고 합니다.

가게를 나오며 아이에게 말해 주었습니다.
"넌 어떤 비싼 신발을 신겨주어도 부족함 없는
귀중하고 보배로운 아이"라고.

다른 가게에서 샌들을 하나 골랐습니다.
발에 편하다고 펄쩍펄쩍 뛰며 너무 좋아합니다.

명품 신발은 그 발에 신겨주지 못했지만
명품 마음으로 직접 만든 최고의 수제화를 신은 딸아이가

영화 주인공처럼
눈앞에서 뛰어놀고 있었습니다.

137

엉덩이

태어난 아이가 울지 않으면
의사나 산파는 엉덩이를 매몰차게 때립니다.

결국 아이가 울음을 터뜨려 호흡을 시작하면
부모와 의사는 기쁨의 미소를 짓습니다.

영혼의 호흡이 막혀 당신의 자녀들이 죽어 가면
하나님은 삶의 엉덩이를 매몰차게 때리십니다.

결국 우리가 울음 터뜨려 기도의 호흡을 시작하면
이내 그분은 기쁨의 미소를 짓습니다.

더 이상 엉덩이를 때릴 아무 이유도 없습니다.

12장

크 기

138
정말 큰 사람은

실은 작은데
큰 척하는 사람이 있습니다.

그런 사람은
다른 사람을 작게 보려는 습성이 있습니다.

자신이
커져야 하니까요.

정말 큰데
자신을 작게 여기는 사람이 있습니다.

그런 사람은
다른 사람을 크게 여기는 마음이 있습니다.

정말
크게 보이니까요.

직분과 성숙

미숙은
직분에 '오르지 못할까 봐'
근심하지만

성숙은
직분을 '감당치 못할까 봐'
근심합니다.

미숙은
그 근심 때문에
'사람'을 찾지만

성숙은
그 근심 때문에
'주님'을 찾습니다.

사람의 크기

하나님 나라에서
사람의 크기는

위로 크지 않고 아래로 크는 것이며
높이로 크지 않고 깊이로 크는 것이었습니다.

올라간 만큼 크는 것이 아니라
내려간 만큼 크는 것이었습니다.

소유의 무게에도 안 꺼꾸러지고
스펙의 높이에도 안 자빠지고
원수의 공격조차도 품어 녹이는 건

다 깊이로 컸기 때문입니다.

141

정직

세상은
말들 합니다.

'정직하면
성공할 수 없다'고.

주님은
말씀하십니다.

'정직이
성공이다'고.

인격이 하는 충성

작은 일에 하는
충성이

내 '인격'이 하는
충성입니다.

큰일에만 하는
충성은

내 '인기'를 위한
충성일 뿐입니다.

143

열매 맺지 못하는 이유

사람들이
삶의 열매를 맺지 못하는 이유는?

생각을 바꾸지 않으면서
결과를 바꾸려 하기 때문이고

습관을 바꾸지 않으면서
결과만 바꾸려 하기 때문이며

인격을 바꾸지 않으면서
결과만을 바꾸려 하기 때문이고

무엇보다

변화된 생각과 습관과 인격이
원하는 결과가 아니기 때문이랍니다.

144

믿지 못하는 사람, 잊지 못하는 사람

사람들이 믿지 못하는 사람도 있고
사람들이 잊지 못하는 사람도 있답니다.

의롭지 않은 것을 알면서도 자꾸 이로운 넓은 길만 가보세요.
결국 사람들은 당신을 믿지 않게 될 겁니다.
이롭지 않은데도 의로운 좁은 길을 가보세요.
사람들은 당신과 당신이 선택한 길을
잊지 않게 될 거예요.

그 자리에 없는 사람을 계속 비난해 보세요.
사람들은 당신을 믿지 않게 될 겁니다.
그 자리에 없는 사람을 칭찬해 보세요.
사람들은 당신이 보여준 사람을 세우는 지혜를 기억하고
잊지 않게 될 거예요.

약속시간보다 늦게 가서 자주 기다리게 해 보세요.
사람들은 당신을 믿지 않게 될 겁니다.
약속시간보다 먼저 가서 준비하고 기다려 보세요.
사람들은 당신이 보여준 신실함을
잊지 않게 될 거예요.

약하고 없는 자들 위에서 갑으로 살아가 보세요.
결국 그들은 당신을 믿지 않게 될 겁니다.
약하고 없는 자들을 위해서 겸손히 섬겨 보세요.
그때서야 그들은 당신과 당신을 통해 들은 말씀을 기억하고
잊지 않게 될 거예요.

여유 = 능력 - 짐

신앙인이 반드시 익혀야 하는
삶의 공식이 하나 있습니다.

'여유 = 능력 - 짐'

영적 여유는
능력이 커지든지
짐이 가벼워져야
누릴 수 있다는 말이지요.

미숙은
항상 짐을 피하고 줄임으로
여유를 만들려 하지만

성숙은
늘상 능력을 구하고 더함으로
여유를 누린답니다.

큰 문제가 있는데도
영적인 여유를 잃지 않는 사람을 보았나요?

다 이 공식을 익혔기 때문입니다.

영향력을 미치는 세 가지 방법

영향력을 미치는 세 가지 방법이 있습니다.

'말로 들려주어야' 하고   – Mentoring
'몸으로 보여주어야' 하며   – Modeling
'삶이 연결되어야' 합니다. – Mixing

'삶'도 연결되지 않은 채
'몸'으로 보여줄 것도 없으면서
'말'로만 가르치고 있지는 않은지

돌아보고 또 돌아보아야겠습니다.

나머지는 다 그다음입니다

정말 지혜로운 사람은
자기를 아는 사람이고

정말 강한 사람은
자기를 이기는 사람이며

정말 진실한 사람은
자신을 속이지 않는 사람이고

정말 탁월한 리더는
자기를 이끄는 능력이 있는 사람입니다.

먼저는
자신을 알고
자신을 이기고
자신에게 진실하고
자신을 인도할 줄 알아야 합니다.

나머지는 다 그다음입니다.

148

머리와 가슴의 거리

'머리와 가슴의 거리'는

손으로 재면
사람마다 두 뼘 정도이지만

삶으로 재면
개인마다 천차만별입니다.

'머리와 가슴의 거리'는

지식을 쌓는다고
학위를 받는다고
자리에 오른다고 좁혀지는 것이 아니랍니다.

'살아야' 좁혀지고
'사랑해야' 좁혀지며
'사무쳐야' 좁혀지는 것이랍니다.

149

강물처럼, 빙산처럼, 큰불처럼, 바람처럼

마음이 '도랑'과 같으면
오줌만 싸면 그 냄새 지독해지겠지만
내면이 '큰 강'이면
오줌을 싼다 한들 냄새 하나 있겠습니까.

인격이 '빙각'과 같으면
바다 표면의 물결 따라 떠밀려만 살아가겠지만
성품이 '빙산'과 같으면
바다 밑 흐르는 해류를 따라 다르게도 살아가지 않겠습니까.

열정이 '촛불'과 같으면
작은 바람에도 그냥 꺼져 버리겠지만
사랑이 '큰불'과 같으면
큰 바람에도 마냥 더욱 커져가겠지요.

영적 감각이 '온도계' 정도면
이곳저곳의 온도만 측정할 뿐이겠지만
영적 능력이 '온도 조절계'에서 나오는 바람과 같다면
이곳저곳의 온도를 변화시켜가겠지요.

강물처럼~
빙산처럼~
큰불처럼~
바람처럼~

이것이 내 삶을 통해
세상에 들려지는 아름다운 노래였으면 좋겠습니다.

아직은 오선지에
음표 하나 붙이기도 벅차지만 말입니다.

150

나이가 들면

나이가 들면
눈이 흐려지겠지요.

너무 염려하지 마세요.
그때가 되면
마음으로도 충분히 볼 수 있을 테니까요.

그러려면
눈이 흐려지기 전에
세상을 마음으로 보는 법을
익혀 두어야 하겠지요.

노인이 되면
몸을 쉽게 움직일 수도 없게 되겠지요.

너무 걱정하지 마세요.

그때가 되면
사람들이 찾아와 당신의 지혜를 듣게 될 테니까요.

그리려면
파파 할아버지 할머니가 되기 전에
먼 데서 찾아올 만한
삶의 열매와 지혜들을 모아 두어야 하겠지요.

인생이 끝나면
더 이상 그들을 만나지 못하게 되겠지요.

너무 슬퍼하지 마세요.

그때가 되면
살았던 삶으로 얘기할 수 있을 테니까요.

그러려면
이생의 삶이 마쳐지기 전에
사람들의 마음속 남겨 놓은
삶의 흔적 몇 개 정도는 있어야 하겠지요.

151

난 그런 사람이 좋더라

죄에 대하여 깨끗하면서
죄인에 대하여는 따뜻한 사람

남의 허물은 약함이라 여겨 '끓어 울어 섬기면서'
나의 허물은 약함이라 여겨 '때려 울어 고치는' 사람

난 그런 사람이 좋더라.

사람을 배려하면서도
소신을 지켜가는 사람

사람을 대할 때는 온유하면서
임무를 수행할 때는 결단력이 있는 사람

난 그런 사람이 좋더라.

자리가 높은 만큼
자세가 낮은 사람

함께 일할 때는 끝내주면서도
함께 있을 때면 끝자리에서 섬기는 사람

난 그런 사람이 좋더라.

작아져야 합니다

하나님께 쓰임 받기를 원한다면

하나님께서 쓰실 수 있을 정도로
작아져야 합니다.
작은 자들이 크게 보일 때까지
작은 일들이 크게 보일 때까지 작아져야 합니다.

스스로를 크게 여기므로

소중한 사람들을
하찮게 여기고
주님이 맡기신 큰일들을
보잘것없게 만들어 버려서는 안 됩니다.

결국 스스로를 작게 여기는 사람만이

자기에게 이로울 만한 관계들과
자신을 크게 만들어줄 일들을 뒤로 하고
주님이 맡기신 영혼들과
주님이 맡기신 일들에 헌신할 수 있습니다.

목회를 하며

목회를 하며

어떤 이는 '영혼'을 지향하고
어떤 이는 '영혼의 수'를 지향합니다.

어떤 이는 흘릴 '눈물'을 생각하고
어떤 이는 세울 '건물'을 생각합니다.

어떤 이는 '참 목회'를 추구하고
어떤 이는 '큰 목회'를 추구합니다.

어떤 이는 '거룩'하고
어떤 이는 '거북'합니다.

남이 그러면 '약함'이라 여겨 품어 울어 섬기면서도
내가 그러면 '악함'이라 여겨 때려 울어 고치렵니다.